싱싱한 꿀

박문희 시집

책나무출판사

시인의 말

시가 어둡다 다음에는 좀 밝게 써 봐라
첫 시집 때 친구가 한 말입니다

어릴 적 이웃집 전기를 함께 쓰느라
맘 놓고 환하게 불 밝혀보지 못한 탓이었을까요

첫 시집이 그리움의 시였다면
두 번째 시집은 누군가를 환하게 밝혀주었으면 좋겠습니다.

밝히는 그녀
시인 박문희가 되고 싶습니다.

박문희

목차

내 사랑 삼류

내 사랑은 삼류다
빈속에 흐르는 한 잔의 술이다
소방차가 연출하는 비
얼굴은 뽀송
옷 한 솔기만 적신다
연모이려는가
연민이려는가
의문의 꼬리들이
연인인 양 팔짱을 끼고 물어온다
쓰러진 그리움에 무어라 전해야 하나
겨울 거리 붕어빵 비늘을 벗기는
흔하디흔한,
결말을 꿰뚫고도 뚫어지라고 턱 괴고 그를 사수하는

내 마음에 묻어나는
손때 묻은 너털웃음에
오늘이 삼삼하다.

바람을 그리는 일

폭폭 마음이 빠지는 일이네

지키고 넘어야 할 곳이
어디까지인지
의문부호만 뒹구는 일이네

나체로 앉혀 놓고 그려보지만
적정선은 아이러니

그렁그렁 차오른 선
지난여름 얼어 버렸어도
오늘도 그 선을 넘나들며
선착장에 닻을 내리는 일은

그윽하던 그대의 품속
가만히 기대어 심장 소리를 듣던
그대의 등이 무연히
과거형으로 돌아서는 것을

외로움이, 그리움이
가난한 끼니처럼 찾아들기 전

물안개 너머 아스라이 평행선 그어
등을 돌리게 하는 일

목화꽃, 찔레꽃 순정이
굽은 허리 펴는 일
휘어진 어둠이 떨어진
선 하나 줍는 일인 것을

미처 모양을 정하지 않은 구름이
다르랑다르랑 나에게 그려주었네.

허허, 참

꽃이라 한다
눈물을 덮는 거란다
밤새 몰래 다녀간 눈
그 눈이라 너스레 떨며

맑아서 비추어 봐야 한단다
애환이 어디로 숨어들지 못하게,
숨을 담아서

비워야 한단다
가득 담아 비워야 한단다
마음의 체위를 바꾸는 거란다

힐끔거리며 하얗게
눈 흘기는 새치도
싱싱한 안주가 되어
탈탈 털어내는 거란다

집어등을 집어 들고
그물 던지는 거란다
그리 피는 거란다

술이다. 부르면 쓰디쓰단다
꽃이라 부르며
리듬을 태워 넘기는 거란다

겨울 아침 정지를
밝히는 눈처럼
잔 속에 이밥 뽀드득
삶을 밟는 거란다

한 사람의 눈이 되고
한 사람의 날개가 되는
비익조처럼
그리 꽃 피는 거란다.

굴비는 만원이다

첫 풍경을 내 걸었다
땡그랑
바라보면 붉게 웃던 지느러미
달빛에 그을려 굴비가 되었다
바라만 봐도 비릿한 냄새가 난다
꿀꺽꿀꺽 페이지의 목 넘김이 시리다

겨워서 가만히 들어보았지
무거워 잘 들리지 않았지
그래도 귀 기울여 보았지
고조곤히 바다를 드는
소라처럼 그렇게

능금꽃, 패랭이꽃 북적거린다
그 틈새로 싱거운 소리도 들려오지
짠, 짠 무엇이 부딪히는지 짠하다
신비로운 걸음을 옮기는 일은 만원이다

닿을 듯 말 듯한
사랑해와 미워의 간격이
포슬포슬 짧은 2월의 책을 덮는다

박꽃 달빛과 이슬을 오물거리며
맴맴 멍들도록 맴을 돈다

수수꽃 시간에 울릴 자명종
단풍잎 같은 손바닥
꾸덕꾸덕 연민을 찢어 숟가락에 올린다
한 잎 낙엽 질 때 한 입의 안부를 베어 물겠지

시적시적 가 보는 거네
나의 처녀여
자린고비여
한 두름의 굴비는 만원이다.

동사凍死

그와 나는 거꾸로 걸었다
오르가슴이 기진맥진을 쓰고
전희가 가슴을 더듬고
해바라기 샤워기 전라全裸를 수축시킨다

닿을 듯 말 듯 발목에 잠기는 내도
예정일보다 빨리 찾아온
그날처럼 걸음마다 선혈이 묻어났다

언 땅을 파는 호미 찢어져라고 하품을 토해낼 때
우물가가 난장이다
소한을 넘긴
대한이 얼어 죽은 걸까
두레박 길게 드리운다

얼어 죽은 그가
얼어 죽은 내가
실오라기 하나 걸치지 않은
마음 읽지 못해
낮달, 초승달, 하현달의 조문을 받는다

반짝
도깨비시장이 섰다
식은땀이 하얀 손을 흔든다.

꽃샘추위

노곤히 늘어진 한 줌 흙의
밑장을 빼 일필휘지 봄빛이 절창이다

산다는 건 그런 거야
그 흔한 말을
후, 후 내뱉어도

홀씨 하나 날아와 건네는
울음이 욱신거려도

향기 바지게에 올림은 울림인 걸
방아쇠와 활시위인 걸

바람이 물어다 놓은
먹먹한 괄호 안에 갇힌

사랑해.

뜨거운 파문 묻지 마라
이유 잊었노라

후후, 벙그는 기도로 여는 미소
새날의 꽃등을 켠다

노랫말로 너를 남겨 두고서.

엄마를 표절하다

흔들리지 않으려
고개를 흔들었다

쩡쩡 언 땅을 밟고
찬바람 똬리에 받히고

화끈거리는 가슴 풀어헤치고
얼씨구 넘고 절씨구 넘던 고개

여기저기 봄이 나붙었건만
아직 보지 못한 것일까

그토록 좋아하시던 봄
그 안에 가만히 앉아
기다려 본다

어디서 날아온 한 마리 새
후드득 날아가는 소리에
화들짝 놀라
찔끔 눈물이 난다.

올해는 산나물도 게으른 걸까
서툰 기다림
얼룩얼룩 심통을 부린다

어디쯤 오시려나
한마디 건넸더니
무뚝뚝한 산등성이 하는 말
울긋불긋.

오월의 고향

굳어버린 대문의 관절
노곤하게 잡고 늘어지는 햇살에
견딜 재간이 없어요

나도 몰래
복숭아꽃, 살구꽃 불러들여요

소리 소문 없이 모여든
고샅길에 동무들과
쑥덕쑥덕
노란 콩고물 잔뜩 묻은 줄 모르고
해지는 줄 모르고
머리 위에 앉은 새치
눈 흘기는 줄 모르고

새로 산 옷 다 버려 왔다고
혼이 날 것만 같아 걱정이에요

동네 어귀 피어난 찔레꽃
논둑길 따라 올해도 지천인 씀바귀꽃
저 녀석들 아직도

코 묻히고 다니네
오월이라 다시
푸르러지고 싶었나 보네

수군거림 나 몰라라
일일이 안부를 놓고

돌아서 먼 산 바라보니
송홧가루 바람에 흩날려
눈이 아파요
오월이 언제부터 이리 붉었던 걸까요.

봄비와 여름비 사이

비의 수다가 시작되었네
심란한 구름의 꿈틀거림보다는 훨씬 낫네

생각을 따라 추적추적 가는 녀석
뒷모습이 젖었네

속삭임 따라 토독토독 가는 녀석 머릿결이
찰랑거리네

비가 내린다고 하지 않고
수다라고 쓰고 있는 나는
발효가 잘된 갓 구운 빵 냄새를 풍기네

비의 수다를 쓰고
듣고 닦아
방앗간에 모여든 참새가 되어보는

오늘.

詩時콜Call

그대 사랑하는 일은
잊기 위함이었어요

즐거움이었어요
혼자인 시간
혼자가 아니기 위함이었어요

타인의 이별 앞에서
나의 사랑 앞에서도
그대 부여잡고
단숨에 오르가슴에 이르기를
수없이 반복하였죠

실오라기 하나 걸치지 않아도
답답한
그대 향해 흐르는 끝없는 춘심

한참씩 외면하면서도
그대를 놓지 못하는

어느 날은 소녀로

어느 날은 촉촉이 젖은 눈시울로
그대 품속을 파고드는

그대를 만나는 시간은
그리 길지 않아, 길지 않아

외로운 여인은 넘쳐나도
여인 하나 찾지 못해 외로운 남자
오늘도 애꿎은 술잔 비우고
자박자박 허허로운 걸음에 잠기죠

물 반, 고기 반
손맛 좋은 계절이에요
이팝나무꽃에 찔레 순을 꺾어
차려 놓은 상에
군침만 차지하고 앉아도
윤슬에 숟가락 하나 더 얹는 일

마음이 열쇠를 잃어버린 날
시시콜콜
대표전화를 눌러보아요

버튼마다 성감대 벗어 던지는 소리
찌르르 흘러나와요
詩詩콜콜.

밝히는 그녀

앞뜰의 소곤거림
뒤란의 침묵
찌르르 귀뚜라미가
풀숲에서 깨우면
대청마루의 보리밥, 풋고추가
아사삭 저녁을 밝혔지

반딧불의 반짝임 같은 그것
아스라이 유혹하는 그것에 이끌려
입구에서 라이트를 켜시오
첫 명령어도 들리지 않았지

캑캑 자욱한 먼지
소란한 감정들의 터널 속에
흥건히 젖어버린 마음
허둥대다
허리의 경계를 지워버린 몸매

신사임당을 꿈꾸던 그녀의
사랑이었던 남자
신사임당만 밝힌다고

장미꽃 안겨주던 가슴에
파문만 일구어도

빈 화병花甁에
화병火病만 가득 꽂히고
어깨가 얼기설기 늘어져 내리고
시들어 버린 쇼윈도
쓸쓸을 입어도

사랑, 행복, 꾹꾹 눌어 안치며
그녀는 저녁을 밝힌다
강 건너 뻐꾸기가 운다

뻐꾸기도 밤에 우는가.*

*영화 〈뻐꾸기도 밤에 우는가(1980)〉에서 인용

화양연화花樣年華

산다는 일이
역류하는 행복에 노를 젓고
눈물도 늙어 메말라 푸석이던 시간

어찌 알았을까
당신과 나
서로의 이름 부를 줄을

당신이란 말
그저, 그저
그 말이 좋아서

진달래, 봉선화, 코스모스, 눈꽃,
당신 미소에
화르르 웃음소리로
피고 또 피어날 줄을

곤드레만드레
취하고 또 취해도 좋은
당신과 나의 숨 사이에
두근거림이 끼여 앉고

하나둘 하나둘
더함도 덜함도 없는 시간을 더하며 현을 켤 줄을

참 좋다, 좋다 되뇌며
지친 날개 접어 당신에게 기대어
새벽공기 같은 맑음
풍경으로 걸릴 줄을

가시만 잔뜩 매달았던
혼자 우는 작은 새
향기 잔뜩 묻힐 줄을

어화둥둥 행복으로 잠들고
나의 소녀가
흥얼거릴 줄을

떠듬떠듬 당신과 나의 첫말들
콩닥콩닥 입 맞춰
사랑비로 환하게 젖어 들 줄을.

자연인, 우리 어머니

단발머리 소녀가 울며 산길을 내려오고 있습니다
눈앞에는 교정이 보입니다
미처 준비하지 못한 미술 시간이
책보를 적십니다

중년의 여인이 울며 산길을 내려옵니다
미술 시간 같은 것은 이제 없는데 말입니다

눈앞에는 폐교된 교정에
깨꽃의 수다가 종알거립니다
준비 없는 이별을 하고
시간은 지치지도 않고
헤매 돌며 버석거립니다

내려오는 길목
눈물은 무너트리고
그리움 한 땀 한 땀 수놓으며 걸음을 옮깁니다

회한이 펄펄 끓는 빈 길에
누군가 따듯한 물수건 가만히 올려줍니다

풋사과가 단물을 품으며
힐끔거리며 낯선 이의 발자국 소리 경계할 즈음
다시 찾아올 이 길

우는 바보는 이제 없어요
당신의 꽃이었던 막내딸
고운 꽃다발 한 아름 안고
그리 올 것입니다

버선발로 반겨 주시는
나의 어머니 계신 산속 집으로.

빈 들

바람이 분다

투박한 손 안에 잡힌
낡은 옷자락으로
기다리는 풍경을 그렸다

누군가의 꽃이 심어져 있고
새들의 정거장인

이런 사랑은 처음이라던
지나간 기억 속의 그가
흔들던 마음이
갈피 없이 눕는 너른 들판

밤 별 하나 없는
컴컴한 어둠 속
길 잃은 고라니 나의 등대가 되어주는

내리는 새벽이슬에
목을 축이고
한 곳만 바라보지만

내 눈짓 하나에
저 너른 들이 차려내는 만찬

바람이 있어 나는 좋다
새들 내 어깨에 내려앉아
허무를 쪼아주니 나는 좋다

그런 건 할 수 없다며
멀어져 간 그가 말하던 이별
양팔 벌려 의문을 지워본다

새하얀 눈이 한 아름
내게로 안기는 날
함빡 웃음 지으며
나는 나의 옷을 스르르 벗어 내리리라
눈을 감는다.

선풍기

그렁그렁 차올라도
바라보는 그대 눈길 겨워서

어느 날은 오랫동안
어느 날은 밤이 지나도록
나 온통 그대의 바람이고 바램이고 싶었다

창밖에 매미
원해, 원해, 시원해
떼창으로 열광할 때

낮과 밤 없이 그대 곁을 맴돌아도
자유로운 틀에 갇혀
줄어들 줄 모르는 거리

닳고 닳도록 그대 향해 맴돌던 시간
뽀드득 닦아 내 마음 갈피에 끼워놓고서

차車 떼고
포包 떼고
어느 공원 귀퉁이에서

장기판이나 벌여볼까

뒤 한 번 보지 않고 지난 뜨거운 계절
박수를 청해보는 한 잎의 일기.

꽃잎 편지

먼먼 하늘이 아름다울 때
달려보고 싶었어

그대 이름 한 번
맘껏 부르지 못했어

그대 향해 출렁이는
작은 물방울의 진동

눈이 멀지 않아
무덤덤 그대는 먼 곳에 있었나

차가운 술잔이
토해내는 뜨거운 미련

쓰다가 멈춘 사랑의 서약
내달리는 이별 이야기

얇은 그대의 걸음에 내리는
무거운 나의 걸음

전부이지 못해
고스란히 내던져진

돌아오지 못하는 것 아닌
영영 돌아오지 않는 마음

잠시의 밀어 한 소절
여린 가슴 몽우리 진 붉은 기록

자욱 자욱 내 눈물의 거듭소리
낮달은 보았을까

바스락 소리 하나에
파르르 일어나는 그리움을

낯선 환상보다
앞질러 버린 안녕을.

개도 물어가지 않을 사랑

사랑을 할수록 혼자인 시간이 길어졌다

그와 나의 입술은
말없이 사랑만 이야기했다

외눈박이 사랑

예쁜 사랑 만들자 되뇌다
만들어 버린 이별

뒷모습 한 번 바라봐 주지 않았다
인연이 오는 것도 몰랐다
이별도 그러했다

예쁜 사랑 좋은 시간 꿈이었다
코만 자꾸 길어졌다

시간이 멈추었으면 싶었던
그 절정
이별의 정점 찍는다

눈물은 이별의 역림
또 다른 사랑의 부푼 그림 그려본다

처음 본 그날처럼
바람이 분다.

77 맞은 여자

엉켜버린 실타래에요

남겨 두는 거 아니래
그러는 거 아니래

더듬어 보니 그리 오랜 기억도 아니에요

언제부터인가
눈으로 던지는
얼굴이 좋아 보이시네요란
동그란 인사

매지구름 밀어내는 짧은 틈새로
춤을 추고 있어요
내 안에 가득히
돌이키기에는 너무 멀리 와 버린.

프리free, 프리, 자유를 늘 갈구해요
구속할 수 없어요

오오는 감탄사

육육은 삼십육
엄마의 이름으로 부웅
아내의 이름으로 붕, 붕
살과의 거리 저쪽으로
힘찬 도움닫기

땅, 땅, 땅,
77 맞은 여자예요.

꽃이 간다

이별을 질끈 동여매고 사랑을 안는다

가슴속 파고들던 온기
가슴속에서 울먹인다
그 간격에서 떨림을 잃어버린 가슴 꾸덕꾸덕 마른 웃음 흘린다

빈 얼굴 위로 스쳐 지나간 것들이
촉수를 내민다
그날이면 찾아드는 도벽 같은 우울 까불어
작은 불씨 하나 지펴본다

묵묵히 바라봐 주지 못해
이 밤 그리움을 쓴다
사무치는 마음 나를 흔들지만 꼬깃꼬깃 인연을 쓰다듬는다

이별도 사랑이다, 사랑이다
되뇌며
엄청난 꽃이 간다

사랑아.

풍경을 덮다

젖은 발로 덩그러니 홀로 섰다

물컹거리던 하늘에
우우 비가 쏟아져 내리고
박꽃이 달빛을 오물거리다
새벽이슬에 젖도록
그리움이 떠돌다 멍이 들었다

발 없는 것이 가지는 날개 같았다
그믐달이 두 눈 깜빡일 때
외로움에 하품을 찢어라도 눈물 흘리고 싶었다

에돌아도 길을 막아서는
흐린 사랑
너에게 기대어
사랑만 우거지고 싶던 기대
언제였던가

눈먼 사랑도 지독한 사랑도
까무룩
이유를 잊어버리는

내 안에 붐비는
너의 풍경을 덮는 일이었다.

마음 비우는 날에

어디쯤 그대 있으려나
가만히 불러봅니다

무얼 하고 있으려나 그대
가만히 그려봅니다

그대에게 갇힌 가슴은
무릎까지 푹푹 빠져듭니다

자운영꽃 핀, 이 계절
여수 밤바다엔 여전히 벚꽃잎 흩날립니다

그대 가시어도
휘영청
사랑하고, 사랑한 날만.

얼룩

가슴앓이 알아서
가슴앓이를 홍얼거렸던가

세월 따라 산과 강만
등이 휘어지는 줄 알았던가

웃는 내가 좋다는 그 말
향기 좋은 꽃 잠시인 걸
내 몰라 품었던가

마음 그것 하나
머물러 보지 못한 바람 사이로
결 고운 무늬로 흘러가자는데

검붉게
오르내리며
휘어지며
흩뿌리는.

한여름 밤

캄캄한 하늘에 쌍무지개 떴어
너무 환상적이라 울었어

머리카락이 싹둑 잘려져
끝도 없이
그만, 그 한마디가 나오지 않아

저 강 건너에서 엄마가 손짓하는데
목소리가 나오지 않았어

뛰고 또 뛰었는데
그 자리인 거야

까막까막
꿈이려니 꿈일 거야
얼마나 맴돌았는가 몰라

낯선 문이 스르르 열리더니 가위가 내 앞으로 쏟아져 내리는 거야

재우지 못한 情

치맛자락 졸졸 잡아당기는데

밤새 핀 서리꽃은 어쩌자고
저리 우라지게 이쁜 것인지
몰라, 몰라.

푸른 오빠

삭풍에 모였다 흩어진다

뜸북새가 울 때마다
비단 구두 닦고 닦았다

공부는 해서 뭣하냐며
찬 개울물에
빨아주던 운동화 때문이다

별이 빛나던 변소 앞에서
귀신을 지켜주던 일 때문이다

가늘고 긴 울음 이어진다
다시 오마던 그 말 때문이다

고향 가면 누구 동생이라 해야 사람들이 알아보기 때문이다

학교 변소 뒤에서 친구들한테 맞아 코피 흘릴 때
울 오빠 왜 때리냐고
쥐불놀이하다 짚단에 붙은 불

너희 오빠가 그랬다고 발 뺄 때
죽어도 아니라고, 아니라고

5G시대 낯부끄럽다
예전 우리 집 천장에 밤마다 운동회 하던 그 무수한 쥐들에게 물어볼 수도 없는 일.

고장, 그 이유

여자도 엄마다
엄마도 여자다
세상 편한 옷들이 가득하다는 쇼핑 사이트를 갸우뚱거림도 없이
익숙한 일상처럼 뒤집어 읽어 내리는 오후
쭉쭉 빵빵 기상캐스터
자꾸만 날씨가 찹니다, 찹니다
팽팽한 연장전 승부차기를 중계하는 듯한 저녁
긴 여행에 가뭇없는 엄마의
듬성듬성 두부 썰어 넣은
그 밥상이 간절한.

두 손 모아 귓속 이야기로도
닿을 수 없어도
가끔 스스럼없이 젖은 채
찾아드는
아등바등하던 시간 너머
빈 둥지에 빈둥거리는 시간만이
흔들리는 건 아냐
풍경이 바람을 느끼듯
그리 그렇게 안긴 것일 뿐

가만가만히 애무하듯
시간의 현絃을 켜는 일
가고서야 쿵 쾅
즈믄 흔적 허둥지둥 지우며 쿵 쾅
무엇이 채워지고 비워졌을까
의문 떨군다

노곤히 늘어진 창으로 들어오는
강 건너 저 산 풍경
뽀드득 어젯날을 그리면
까무룩 잊고 있던 봄날
찻잔 안 목련에서 환히 벙근다
꽉꽉 단물 든 것들은
우리 몫이었던
녹이 슬고 고장 나버린
구름길 타고 붉게 넘나드는

꽃 같은 자국.

기차 여행

어둠에 익숙해진 깔딱고개

그대 창에 기대어 생각 없이 흐르는 일만
훌쩍 잡아타고 그냥 가는 일만
손 흔드는 소녀의 일만
마음 다해서 하고 싶었습니다

가난한 온기 덜어 낡은 도시락에 담아
침목 위에 침묵으로 내달리며
매일 내뱉는 이별도
공갈빵 한 입 베어 문 그 사연도
칭얼 칭얼거리는 모든 것
차창으로 보이는 먼먼 곳으로
날리고 싶었습니다

얼비쳐 드는 그믐달 아래도
그대 안에서는
녹슨 마음길
메밀꽃 필 무렵입니다

내 신열의 종착역

내 묵은 것들의 환기
가벼워지는 적적함
그대 안의 일입니다.

여정

푸른 물이 퍼지던 소꿉장난 같았네

풀어도 풀어도 풀 수 없는
주문에 끙끙 신열이 끓었네
젖어 드는 일보다
젖은 그 후가 두려워
여명은 대답도 없는 새벽
선잠에서 깨면 반짝이는 해를 만나고도 싶었네
갓 사랑이 시작된 연인의 눈길을 훔쳐
나는 지금 행복하다고 흥얼거려도 보았네

길가에 핀 한 송이 꽃에 게도
손잡아 주며
파도를 간질이는 은모래의 귓속말 엿들으며
이팝나무 그늘이 좋은
어느 늦은 봄날
꽃물에 졸여지는 가슴으로
그땐, 그랬지
함초롬 고백을 열어보려네

가끔은 허리춤 풀어놓고 소살소살 흘러가 보려네.

복사꽃 두 뺨이

나 그대
오래 사랑하고 싶어
조금만 사랑하기로 했다

사랑하는 일은 어쩌면 이별을 향해 걸어가고 있는 일일지도 몰라

보고 있어도 보고 싶건만
보고 싶어도 못 볼 때
마음 밭 조심조심
조바심치다 상처 나지 않기를

겉만 화르르 타는 일 아닌
물듦을

내 가슴이 누리는 작은 사치

설레는 이름 그대여
우리 나누는 이야기
복사꽃 두 뺨 위에 꽃 핍니다
가만가만히 핍니다.

애인 구하기

스마트한 중개 앱에 등록했다

잠시 한눈을 판 파문이 이별을 가져왔기 때문이다
이별의 슬픔보다 혼자라는 외로움이 뚜벅뚜벅 힘들었다
닿을 수 없는 길 얼마나 헤맸던가

닦고 조이고 인연을 기름칠한다
크고 강한 그를 다들 부러운 눈초리로 바라보겠지
볼그레 기대가 부푼다
강한 그는 나를 만족시켜주리라 흐흐
포커페이스

잠시 지나간 사랑 묻지 마
함께할 때 한눈팔지 마
땅, 땅, 땅

그를 가지기 위한 장밋빛 프러포즈는 끝났다
넓은 그의 어깨에 기대 사랑하고 사랑할 일만 남았다

그와 함께할 때면 내 가슴 다시 뛸까
내가 부르면 언제든 부릉부릉 달려와 줄

그런
애인.

가난한 사랑

내 가슴 한쪽에 뚜벅뚜벅
거니는 그대 사랑이다

두드려 볼 수 없는 마음 서성여도
까만 가슴이어도
그대와 나
풀꽃 같은 사랑이다

사랑이란 흔들거리지 말아야 하는 일
내 안에 피어난 봄 시들지 않게
서로 한 걸음 더 다가가야 하는 일

나에게 바람으로 와
바람이 되어 준 사랑
먼 후일 되감는 기억 어디쯤 미소로 멈출 수 있게
어리둥절 서툰 무늬를 쓴다

오소록 고백을 연다
마지막인 듯 간절히.

이번 사랑은 망했어

봄비처럼 스며들고팠다
봄바람에 능구렁이 한 마리 담을 넘었다
몰아치는 여름비 건너고 건넜다

미안하다는 그 말에 허우적거렸다
여기까지란 말은 늘 너무 빨리 시위를 벗어나고 있었다

다 지나쳐 와 놓고
지나치지 못했던
우리를 탈출하고 있는 우리 사랑
쥐어짜 보는 악역의 대사들
회상으로 바뀌는 사랑아
이 또렷한 이별을 용서하지 말아라

온전히 너를 내어놓는 그 일은
무수한 연습에도 여전히 서툴다

이번 사랑도 완전히 망했어.

사랑이 화근이다

두근거림이 화근이었지

눈을 감아도 보이는 그리움이
복사꽃 피는데
와사삭 복숭아 한 입 베어 물고 싶게 했지

신 것과 떫은 것들이 욱신거려
헐거워진 나의 문장 얼싸안고 뒹굴기도 했지

두 사람의 땀으로 홍건히 젖던 연애는
불을 끄고 먹는 복숭아의 그것이었지

기다림이 시시껄렁해지는
그날 오면
내 묵은 것들은 환기되려는지

그래서 그렇게 그러므로
당신이라고
차랑차랑 써 내리는데
까슬거리는데

두근거림 건너
화끈거림 건너
따끔거리는

지금도 아직도 여전히
사랑은 늘 화근이야.

만날 떠나고 싶다

내 가슴이 품은 알 수 없는 이야기
찔레 장미 아카시아 금계국
총알받이로 내세우고
까닭 없이 꾸역꾸역
가자 가자 손을 이끈다

먼 산 뻐꾸기 울지 마라
설정인 듯 뒷머리 긁적여진다
바라는 거 아무것도 없다
떠나는 그 일이면 돼

밥보다 커피든
커피보다 술이든
동해처럼 출렁이든
남해처럼 반짝이든

꽃 지고 새잎 돋듯
내 안에 누구를 들이고
내보내는 일은
늘
다시 열지 않겠다던 스팸메일 같은 것

이제 막 시작하는 사랑인 듯
콩깍지가 벗겨지지 않는
역마살아
길이여도 길이 아니어도
널브러진 몇 번의 사랑이 스키드마크를 남겨도

탕탕 바람이 방아쇠를 당긴다
만날 떠나고 싶다.

지금 거신 전화는

아이고 원수야이

저 아래부터 우는 소리 나는 거 보이 울 막내이 오는가 베
젖을 덜 머것는동
나가 몇인데 아직도 저리 울고 댕기는 동 아바이 정 모르고 커가 맨날 천날 애가 마르더니
삼통 글타

내 산 아래 살 때는 그리 술 먹는다고 머 캐사뚜만은
요새는 술부터 따라놓고 보는 기라
동산띠 한따까리 하이소카메
내 아들 아들 캤는데
딸이 젤인 기라
때마다 술 바더가 온다 아이가

호래이도 안 물어 갈 년의 팔자
여 오는 날도 해필이마 태풍이
두 개나 달아서 와가
저 사촌 오라바이가 먼저 온 저 아바이랑 내캉 손잡게 해 줘야 한다는 소리에 장대비 철철 맞으매 흙구디 퍼져 앉어가 얼매나 울든동

내 여 올 때마 해도 넘 먼저 와가
시비 붙을라 캐도 아무도 없고
고스톱 칠 사람도 기러   는데
언젠가부터 광 팔 사람도 생겼고
돈 많은 영감도 구했다
이전에 다시 오겠노라던 머시마들은 우에 됐는동 여서도 소식 몰라 쪼메이 아섭기는 해도
사는 기 마카 낙장불입 아이가

저심 한 수까락 묵꼬 한심 붙이다
얼떨결에 왔지만 인제 내사 여가 어씨 핀다

울 막내이 니도 핀체.

노안

가까이하면 할수록
너는 희미해져 갔다

가만히 바라만 보고 싶어도
자꾸만 흔들거렸다

너를 읽어내리는 일은 늘
욱신거렸어

무심함을 어찌하지 못해
간밤도 나의 창가는 침침했어

꽃향기 같은 너를 만지려고 허우적거렸던 시간

두 개의 지구별 언어로 오도카니
너라는 오타를 써 내리는 해 질 녘

어디만큼 왔니
어디까지 올 거니

노, 안으로 오지 않는

흐릿한 너는.

맥주 세 병 마른안주 하나

이것이 기본입니다란 말
총성인 듯 자꾸만 귀를 막아요

얇은 주머니 뒤져봐도
강냉이만 나와요

헛기침에 부풀어 올라
윗배가 볼록 나와요

차디찬 허기를 주섬주섬 먹었더니 아랫배가 부글거려요

詩 별거 없어요
기본만 지키면 됩니다
생각을 뒤집으세요

열강하는 교수님 똥배가 실룩거려요

자고 일어나 보니 스타가 되어 있었어요
소감문을 새치기해요

백설 공주의 깊은 잠을 깨워 최고를 졸라요

미치지 못해 미칠 것 같아요

삐악삐악 노란 병아리 그리려다
계절 없이 피워버린
이런

개나리!

피었다란 말

뽀얗게
환하게
피었다란 말
내 안에 자갈자갈 흐르는 말
자꾸만 미소를 흘리는 말

철교 너머 구름만 예뻐도 화르르
먹구름도 새살을 피워내는 말
사랑, 가려움, 감출 수 없는 것들 안에 입력시키는 피었다란 말

한 번 두 번 자꾸 들으면 내딛는 곳마다 작은 꽃밭
발아래 꽃잎들 흩어지는.

국경일에 준하는

오늘이 무슨 날인지 아냐는 내게
무슨 말이냐는 듯 소파에 비스듬히 누운 채 쳐다보더니
오다가 보니 길에 태극기가 걸렸더란다

오뉴월 더위 속에도
당신 생신이라 모이는 자식들 먹이려
미꾸리국 끓이고 조기 굽고 하시며 박꽃같이 환히 웃으시던 어머니

저 아들을 낳고 미역국을 드셨나요

고깔모자 없는 비대면의 생신날
해피 버스데이, 회피 버스데이
꼬깔콘만 부순다.

꿈꾸는 혼술

내 안에 소란이와 주거니 받거니
하다
'네가 잘했네' '내가 잘했네' 한 대 쥐어박기도 하다
혼술, 상상 금지 태그면 인스타 속 친구 몇 달려와 어깨 동무해 줄 거야

오늘 아침도 일어났습니다
살아 있습니다
자꾸 읽으면 똑 19금 같은 똑같은 일기
내일은 구름이 예뻤다 그리 쓸 거야.

소풍

소풍날은 늘 비가 내렸어
도시락 김칫국물만 쏟아지지 않았으면 했어

울 엄마 소풍 길에도 비가 내렸어
눈물만 쏟아지지 않았으면 했어.

엄마가 소풍 떠나시던 그날 비가 왔었다. 태풍이었다
살 부러진 우산도 없이 비바람 속에 떠나셨다.
다시 태풍 소식이다.

가계부의 정석

'청실아파트 101동 1102호로 쫄면 둘 만두 하나 갖다주세요'

경심 씨 온종일 엉덩이 붙이고 앉아 쪽가위를 허리 허리 놀리는 중이다
옆 삼공단 봉재 공장서 가져다주는 와이셔츠 실밥 정리하는 부업을 시작한 지 이틀째, 허리가 끊어질 것 같아 점심은 배달시켰다

'옷장에 옷이 새삐까리두만 이 불갱기에 또 옷 샀나'
새로 산 보라색 가디건을 보며 경심 씨 신랑이 던진 한마디
'입을 거 하나도 엄꾸만 어데 있다꼬 그카노'

여차여차 가계부도 쓰기로 했다

수입, 며칠 갈지 모른다며 바라보며 신랑이 허허 웃음
지출, 쫄면 둘 8,000원 만두 하나 4,000원
수입, 만두 또 먹고 싶다며 아들 두 녀석이 깔깔 웃음
수입, 봉제공장 9/28일 만 천 원.

주먹밥

한 줌이라니
가당치 않습니다
눈물이 눈부신 시간도 꼭꼭 사랑만 움켜쥐었습니다
가끔 얄미운 당신 생각할 때도 그러했습니다
이 작은 주먹으로 우리들 사랑의 언저리 평정할 수 있다면
더는 허기지지 않겠지요

꼭꼭 쥘게요
사랑의 기운 불끈불끈 생겨날 수 있게.

무

작은 텃밭에 무를 심었다

파릇한 풍경이 싹텄다
가지런히 병렬하듯 줄지어 선 모습 자꾸 들여다보게 된다
북돋아 준 흙에서
뿌리 잘 내릴 수 있게
무를 토닥여도 주고
서로의 아픈 잔등 긁어주며 깊어질 수 있게
조금 덜 자란 무
많이 자란 무
없게 솎아도 주었다

무는 가늘게 썰려 묵사발 안에서 아삭거리다
무는 고등어 아래 숨죽인 채 납작 엎드려 몰캉거리다
소복소복 눈 내리는 날
따듯한 한 그릇의 국으로 놓여
모락모락 온기로도 핀다

바람들까 빈틈은 허락하지 않는다

누가

무를 한낱 푸성귀라 무시할 수 있는가.
만년 조연이라 할 수 있을까

무를 뽑아 무를 꼭꼭 묻었다

타향에서
- 고향 의성

잠시 잊은 적 있지요
그런데 사람들이 자꾸 안부를 물어요
분명 떠나왔는데, 내가 떠나왔는데 그리운 건
해맑던 시간 속 다시 갈 수 없는 아쉬움일까

산수유 피고 큰 대문집 마당에 작약이 피면
수탁이 아재가 소나무에 매어 주던 그네를 타러 친구들과 떼를 지어 몰려다니던

빈 고향에 잠시 들렀지요
단촌 마늘 통닭 사러 잠시 갔었지요
닭발 먹으러 의성 장 잠시 갔었지요
염매시장 호떡도 맛나다는데 찾느라 헤매기만 했었지요
허기가 가득한 걸 어떡하나요

어쩌다
산수유는 사곡 꽃 축제에서 만나고
작약은 조문국 유적지에서 만나고
나는 멀리서 너의 소식 듣고 있는지

신작로에 나가 손 들면 국신여객 내 앞에 와

그리운 자리 어디로든 가
출렁일 수 있을 것만 같은데
먼지만 상냥한 날들입니다.

사랑은 자꾸 분홍으로 온다
- 분홍쥐꼬리새*

핼쑥하게 야위었던 그녀의 미소
언제부터 살이 오르기 시작했던 걸까
자꾸만 웃기 시작했던 걸까

갸우뚱 생각해보니
잡히는 분홍이란 단서

지금은 온통 가을인데 다시 분홍이다
아릿한 분홍 앞에 웅웅 달뜨는 그녀
가만가만 웃는 그녀, 봄
분명 봄일 거야

억새 피는 가을에 온
분홍의 변이
못다 한 분홍이 가을꽃으로 피어 자꾸만 웃고 있다.

*핑크뮬리

봉다리 커피

저 끼리 밥 잘 묵꼬
소화는 와 내 한테 시기는데

목안지도 한 번에 깔끔바시 못 따나
추접그르 와 허여이 질질 흘리노

닭도 아이고 뜨거븐데 낼로 너가 휘젓는데

그래 무마 디기 다나?

고향의 늦가을

남안동 나들목으로 내려서
고운사 한 바퀴 돌고 찾은 고향 마을은
탑산온천 차를 불러 다들 온천을 가셨는지
농사철 탑리장날처럼 시비 붙을 이 하나 찾기 어려워도
등이 굽어버린 앞산에
붉음은 여전하여
얼기설기 아찔한 절창입니다

빈집에 햇살은 옴팡지게 쏟아져
나도 모르게 스르르 잠이 들어버렸습니다

탈탈거리며 경운기가 집 앞에 멈추더니 철길 안 과수원에 사과 담으러 간 엄마가 해도 지지 않았는데 머리에 사과 한 광주리 이고 대문 열고 오시길래
좋아라 달려나가
'어무이 오셨는교' 매달리는데
목소리는 자꾸 허공을 휘젓는다

이 순간이 멈춤이었으면 좋겠다
꿈은 아니었으면 좋겠다
성근 약속인 양 자꾸 되짚는다

썩은 사과만 준다고 날카롭게 도려내던 가난도 그리울 줄
시시껄렁하던 우듬지에 홍시
시시콜콜 사모곡을 걸어놓고 앞짱구 뒤짱구라고 용용 죽겠지 나를 놀리던 방앗간 집 경록이처럼 눈을 자주 깜빡이며 울음 참게 할 줄은

북적이는 빈 마당에 고즈넉이 홀로 누워 별스러운 것 없던 어젯날이
내 그리움 다 삼키고도
이리 간절하여
멀뚱멀뚱 눈만 껌뻑일 줄

제 너머 먼 산 위에
별이 반짝이기 시작합니다
부랴부랴 집으로 돌아오는데
하마터면 내 눈가에도 별이 반짝일 뻔했지 뭡니까

그래서 고향입니다
그래도 고향이지요, 고향이지요.

건투하다

운명의 상대를 만나면
거리낌 없이 그와 격렬한 시간을 가진다
끼가 다분하단다
까짓
도전이다

만족을 위한 한 치 양보는 없다
지금이 마지막인 듯 파고들어 안긴 채 사각의 링을 뒹군다

치고 빠질 때는 빠져야 하는데
빠져들어 흐느적거린다
리듬을 타야 하는데
마음만 불탄다
마음만 앞서 스텝이 꼬인다
챔피언을 먹어야 하는데
한 방이 부족해
오늘도 한 방을 먹는다

두 배의 힘이 드는 무관중 경기
끝까지 힘을 빼지지 말고
같은 하늘 다른 곳 운운하는

신파 말고
상대의 깊은 곳을 읽어야 한다

불끈 쥔 두 주먹에
쏟아지라는 환호성은 잠잠
땀이 비처럼 쏟아진다
非, 詩일까? 아닐까
내 안에 아우성이 쏟아진다

할렐루야 아멘
건투를 빈다.

무운을 빈다

그가 내게 당신밖에 아는 게 없노라 밤을 밝혔어도
잠시 머물다 갈 줄 알았다
여전히 그의 체취를 묻힌 채
늦은 아침 창문을 연다

감나무 우듬지 끝에 대롱대롱 매달린 까치밥 두어 개
어디선가 날아와 앉은 까치가
손이 닿지 않는 시간까지 콕콕 쪼아댄다

지난 계절 떨떠름한 시간 삭혀 내
눈물 젖은 빵이 되었다
나는 아직도 내 안에 들끓는 것들과 떨떠름한 시선을 주고받고 있다

저만치서 골목 슈퍼 문 여는 소리가 들린다
밀린 외상값 생각에 목덜미가 다시 뻐근해 온다
오늘도 그제처럼 까치발로 지나가야 한다

딱히 외상外傷이 없어도 오는 통증이
동 서부 전선에서 발끈하며 내게 덤벼들어도 타이레놀 한 알 장전하고 조준하면 그만이다

견디어 내야 하는 시간이 눈물겨운데
겨울은 깊어가고
바람은 여전히 부피만 더한다.

술시

내 안에 그것이 불뚝 서는 시간
잡힐 듯 잡히지 않는 것들
모두 잡아 앉혀놓고
25도로 기울이다가
18도로 기울여 보지만
체위는 늘 정상위다
절정이 어디쯤인지 내달리다
젖은 솜뭉치처럼 일어나 보지만
나도 쓰러지고
내게 온몸을 준 너도 쓰러지는
할인되지 않는 정액권
오늘도 나는 너를 마다할 궁리를 찾지 못해 너에게 먹혀 버렸다.

싱싱한 꿀

고흥 과역에서 겨울꽃이 한 다발 도착했다
바다 내음 그득 담겨 왔다
시집오던 해 꿀을 보낸다기에 받아 보았더니 꽁꽁 동여
맨 비닐봉지에서 굴이 나왔다

형님 이건 가짜 꿀인데요, 웃으니

음마 진짜 자연산인디, 나가 한나 씩 따서 깐 건 디

짧은 겨울 해가 꿀꿀한 이른 아침 바닷가에 나가 윙윙
분주히 굴을 따 앙다문 입술을 두드려 우유 빛깔 속살들을
깨웠을 그녀다
삶은 아직 밀물 썰물이 수시로 드나드는
날 것이라 조심스레 가끔 싱싱한 안부만 전할 뿐이다

이잉, 엄마는 잘 있제이, 나가 딸 노릇도 못 하고
말끝을 흐리다가는
우리 동생 이쁘다, 이뻐

그날 저녁 밥상에 오른 꿀은
입안 가득 육즙이 터져 나와 온통 끈적거렸다

보정은 나의 힘

나는 가끔 간절히 널 원해
왜냐면 나도 여자이니까

말없이 나를 바라보며 섬세한 손길로 머리부터 발끝까지 만져준 건 네가 처음이었어

그럴 때마다 나는 전율을 느끼고는 했어
어떠냐고 묻는 네게 나는
조금만 더, 조금만 더, 끝없이 너의 손길을 원하고는 했어
그러면서 나는 자꾸 예뻐져만 갔어

너를 밝혀 그 안에서 얻는 일상의 또 다른 위로

자 이제 눈만 조금 더 크게 만들면 될 거 같아.

연분홍 치매

할머니 오늘도
아들이 12시 차로 올 거라며 복도 끝만 바라봅니다

해가 서산에 걸리도록

같은 노래만 흥얼거립니다
'연분홍 치매*가 봄바람이 시날리드라'

두 볼이 지는 해에 볼그레 물듭니다

연분홍 치매가 오늘도 꽃 시절에 멈췄습니다.

*치매: 치마의 경상도 방언

물망초 횟집

어르신들 입맛 없으시면 우리 가게 오세요
따듯한 밥 한 끼 대접할게요
유채 향 코끝에 스치는
남지읍 남지강변길 112에
물망초 횟집 사장님이 건네는 말이다

새벽 3시 남들 다 잠든 시간 새벽 어판장에서 싱싱한 횟감을 공수해 오는 그녀

어려울 때 같이 살아야 한다며
이웃의 고민도 웅어 향어 회 치듯 얄팍얄팍 맛깔나게 썰어낸다

젊어 나도 잘나갔다며 툼벙툼벙
썰어 넣는 그녀의 웃음은 늘 고향 집 마당같이 환하다

모래 한 움큼 먹어야 시집갈 수 있다는 낙동강 가에 자리한 남지
유채꽃 필 그 무렵 그곳에 가면

물망초 횟집 김숙이 사장이 끓이는 도다리쑥국 한 그릇 먹어 볼 일이다.

봄날이 간다

매화 벙그는 방신 날아든다

산수유 고목이 노랗게 돌담 위에 앉아 봄으로 바뀔 거라
놓치지 말고 바라보라고

매화 지고 수선화 안고 동백 업고서
십 리도 못 가서 발발하는 봄꽃이야

종다리도 높이 난다

냉이꽃 민들레 홀씨 하얗게 들녘에 앉아
여름으로 바뀔 거라
놓치지 말고 안아보라고

진달래 화전에 취하고 봄볕에 물들어
십 리도 못 가서 발병 나는
봄꽃이야

늙어버린 연분홍 치마도 휘날린다

그토록 그리워하던 봄 속에 앉아

나는 봄이었는가
생각할 겨를없이 파장이야

빨간 장미 한 송이 내던지고
덜컹거리며 봄이 간다
홍얼홍얼 봄날이 간다.

봄비 복용법

나에게 젖어 봐
꽃 필 거야
큰소리치는 나쁜 남자 같은
봄비
그 복용 시기 및 주의사항입니다

매화가 화두를 꺼내 소식을 하나둘 전해올 때
늘 먹던 밥이 물릴 때
괜히 아프고 혼자라는 생각이 막막 들 때
누군가 말 건네주었으면 싶을 때
이 모든 것들의 촉이 다를 때

단, 과다복용 부작용으로는 봄바람이 가끔 강하게 불어 산으로 들로 자꾸만 나가게 되는 사례가 보고되어 있습니다

아! 나는 하얀 종이 같아서 찢어질까 조심스럽다 하신 분들은 꼭 투명우산을 준비하시기 바랍니다

몰라예, 아이라예
내숭 떨 시간도 주지 않은 나쁜 남자, 봄비
그 복용법이었습니다.

보리밭

보리가 패기 시작하는 넓은 들
정겨운 그 사잇길을 보리피리 불며 걸었다

끼니마다 입안에 까슬까슬하던 그 보리밥이 이따금 그리워 다시 까슬까슬한

고창 청보리밭 다녀온 날 나는

도깨비처럼 고향 집 감나무 아래 감꽃 목걸이 만들어 걸던 아이가 되어
누렇게 보리가 익을 때 웅어*처럼 웅웅거렸다

바람에 스르르 누웠다 일어났다 밤새 까끄라기를 터느라 일렁거렸다.

*웅어: 보리가 누렇게 익을 때 많이 잡힌다.

웃는 여자

낯선 모습으로 길을 나설 때가 있다
주먹만 한 귀걸이 짧은 치마를 걸치고
문밖이 도전 같은 날이 있다
자꾸 나를 비춰보는 그런 날 있다

차창에 자꾸 내 모습 비춰보며 립스틱을 덧바르고 눈꼬리를 올리고
예쁘다
혼잣말 되뇌며 입꼬리를 올리다가

그거 아니
예뻐서 슬프다는 말

누구와도 아무 말 하고 싶지 않은 그런 날
내 모습을 자꾸 화장으로 감싸 안는 날
아무것도 하지 않고 詩나 쓴다는 말이 자꾸 맴돌아도

웃는다
웃는 여자는 다 이쁘니까.

징검다리

웃으면 입이 함지박만 해요
징검다리를 건너다니며 뛰어놀면
뱃속에서 졸졸 시냇물이 흘러요
낮에 먹은 보리밥 한 덩이는 너무 빨리 배가 고파요
입이 무섭다고 하셨죠
가뭄 들어 물이 흐르지 않으면
엄마 가슴도 말라요
입을 덜어 내야 해요
객지로 간 언니를 기다려요
사람들이 입방아를 찧어요
이러쿵저러쿵
건너는 일은
파문 일지 않게, 빠지지 않게 늘 조심해야 해요

쌓여가던 기도 멈추었어요
오후 햇살이 콕콕 내 등을 쪼아대며 주린 입을 채워요
소녀는 여전히 단발머리 찰랑대며 환한 엄마의 등을 따라 징검다리를 건너요.

꿈의 힘

꿈속에 그가 나왔다
꿈속의 사랑이다
보고 싶어 죽겠다고 손 내밀며 울어도 눈앞에 그는 잡히지 않는다
그가 따라서 운다
눈물의 씨앗을 뿌렸다
훌쩍 자라, 나 젖어버렸다
말릴 수 없는 사랑이다.

시인의 오후

한 번 써보소
안경도 모자도 아닌 것을 내게 쓰라는 당신은 누구인가요

뜨거운 커피가 다 식도록 나랑 웃느라 잊어버렸다는 당신은 누구인가요

-한 병사가 다 마시소
당신이 주는 술을 마실 땐 기꺼이 병사가 되어 벌컥 들이켭니다

-시 썼나, 밥 먹자 부르는 남편
씻었나, 또 밥때인가 구시렁대며

네 개의 눈으로도 침침한 오타를 안고 사는 어리바리한 나에게.

밥

때를 놓쳐 허기가 져
적당한 곳을 찾아 밥을 먹고 나오는데 먹은 것 같지가 않다
한밥은 늘 그렇다

자동차 계기판이 연료 보충을 알린다
거의 빈 주유 탱크를 채우고
나오는데
금세 몇 킬로가 줄어든다

풋고추에 된장 하나로도 한 그릇 뚝딱이던 엄마의 밥 이젠 먹을 수 없다
훌쩍 뛰어버린 기름값에 맘껏 넣지 못했다

배고프면 잠도 잘 오지 않는데
교회 오빠 태우면 밥 많이 못 먹는데.

가장의 노래

다들 괜찮습니다
나만 힘든 거 같은 시간이 있습니다

나만을 위해 살아보지도 못했습니다
꿈을 접은 지도 오래입니다
다만 살아내느라 바둥거렸습니다

여유로움. 이란 걸 잊고 살아 조금은 여유롭습니다
아름다운 구름을 담을 때는 홀로 서 있는 나무가 좋겠습니다

긴 날 터벅터벅 걸어 온
저녁거리에 물끄러미 홀로 서 있습니다

쓸쓸함. 헤아릴 시간 없습니다

휘영청 달도 곧 떠오를 겁니다
매미울음처럼 다닥다닥 붙어 있는 것들도 행복입니다
암벽 틈에 자란 나무가 더 튼튼한 거니까요
나도 괜찮습니다.

첫 경험 이야기

- 노고단

첫 경험 이야기에요 믿어야만 글을 읽을 수 있어요. 다들 잠든 시간 깰까 봐 바람처럼 길을 나섰어요. 심야의 고속도로는 뻥짝이 어울려요. 집 밖은 여행이다란 말이 착 감겨 붙어요.

그를 보고 다른 사람들이 말하기를 늘 그 자리에 있다고 하더군요. 그래요 그 자리에 있었어요. 다들 찾아가길래 새벽이슬 밟고 찾아가 봤어요.

그의 품에서 체력의 한계 느낄까 조심스러웠어요. 가끔 숨이 차 왔지만 무사히 그의 품에 안길 수 있었어요.

다들 해보자 하기에 나도 해봤어요.

그리 환상적이지 않았어도 흔한 경험은 아니라 좋았어요.

좋으냐, 좋으냐 묻는 그에게, 다시 올 거냐 묻는 그에게, 선뜻 답을 주지 못하고

흐드러진

원추리, 동자꽃, 둥근이질풀, 모싯대, 노루오줌, 술패랭이

주변을 담았어요.

사진으로만 보던 곳에서
나도 사진으로 들어가 서 봤어요.
지리산은 그 자리에
나도 그 자리에.

열대야

마지막인 듯 정열을 과시하는 너
자꾸 몸을 씻어보지만
차갑게 안녕 외치지 못하고
나는 여전히 달아오른다

고작해야 한 해에 며칠
제멋에 겨워 밤늦도록
나를 숨차게 하는 너

그래 아직은 뜨거울 수 있다
우리 뜨거운 밤 하자
찬 바람 다시 불기 전에

한 번은 더 뜨거워도 좋다.

따듯한 엄마

그 길 지나다 안부를 전할 뻔했지 뭐예요

자꾸 떠오른다고 해요
한 발 뒤에서 보라 했잖아요
그때나 지금이나 말 잘 들었어야 했어요

어쩌긴 어쩌냐고요
그냥 있는 거지요
어찌할 수 없으니 멍하니 있는 거예요

다 돌려주고 싶어요
다 돌려 드리는 게 쉽지 않아 고개만 저어요

마음이 안 좋아요
그럴 줄 알고 있었잖아요

양지바른 곳이에요
겨울이 와도 바람만 강하게 불지 않으면 따듯할 거예요

이 길로 49일이 지나가요.

차칸호텔 특 201호

다 커버린 아이는 두고 모처럼 둘이서 나선 길
예약하지 않은 탓에 방이 없어 어쩔 수 없이 들어간 특실 침대가 3개다

눈빛만으로도 쩍쩍 달라붙던 신혼 때야 좁은 침대에 누워서도 서로를 찾았건만

잠시 둘이서 누워 천장을 바라보다가 잡시다 소리와 함께 드르릉 코 고는 소리 피해 작은 침대에 누웠다가 낯선 곳의 야경을 보려 창가에 놓인 침대에 누웠다가

새벽녘 야릇한 물소리가 아슬아슬 벽을 건너는 소리에 누가 먼저라 할 것 없이 잠이 깨어
보이지 않은 한 사람을 들썩여 찾는다

나 잡아봐라
나 찾아보라 해야겠소
착한 추억 하나는 건졌소
방이 너무 넓어도 안 좋은 거라
아이고야 식겁은 겁도 아인 기라

서로를 바라보며 웃는 사이
암막 커튼 틈새로 낯선 해가 비집고 들어오기 시작했다.

갱년기

선진 견학 가서 선물 사 왔노라 빨리 와 보라기에
어머 어머 이러면 부담스러운데 이 남자 내가 좋긴 좋았나 보네
볼 뽀송뽀송 달려갔더니
자그마한 돌로 만든 장식 하나 내민다
짱돌 같은 남자다

돌부리에 걸린 듯 휘청 중심 흔들려
천기를 읽는지 이 남자가 잡은 길일
영산 장날이 낀 일요일에 결혼했다

천기를 거슬리지 못했을 뿐이었노라 자위하며
안 맞아 안 맞아 살아간다

산 위에서 내려다보면 집들은 많은데 당최 나가는 길은 안 보이던 한계령 같은 한계 지닌 동네
돌아갈까 돌아가 버릴까 생각하다
밤이면 별들이 총총
특명을 받은 듯 나를 잡아 앉혔다
길 걷다가 슬쩍 따 주던 입 안 가득 단물 고이는 아사삭 단감들 또한 일등 공신이다

꽃바구니 하나 안 사주고
350만 원짜리 중고 경차로 나를 주저앉힌 남자

현관문 여닫는 소리가 반복되길래 나와 보니
석류꽃이랑 황금사철 가지 머그잔 가득 꽂아 거실 탁자 위에 놓아두었다

어젯밤 꿈은 안녕한가 기억을 뒤집다가 깊숙이 둔 웃음 잠시 꺼내 본다

함께 혹은 따로
지나온 시간 길었나 보다
갱년기인가
무덤덤 변화 없던 사람 변하는 것인가

옆에 있으면 무조건 꽃길이라던 사람
꽃 한 송이보다는 밥만 찾던 사람 짜그락짜그락 몽돌이 되어가는가.

사랑이 손짓할 때

온전하거나
완전한 거나
허덕이거나
무모하거나
내 마음에
얹힌 너의 마음

동그란 눈
껌뻑이며
까맣게 식어가는 줄 모르고
하얗게 불태운다며
화르르 웃는다

짧은 미소
긴 울음
그런 거 모른다, 몰라
모든 건 두근거림의 일일 뿐

꽉 조인 코르셋
깊게 박힌 가시
뭐 대충 그런 것들이라 하지

혼자서는 어찌할 수 없는

저기 보이는 너의 손짓
해맑다, 해맑다

미끄러지듯 내려서는 발끝에
낙화이거나
낙엽이거나
고요이거나
바스락거림이거나

창 넓은 찻집
음악처럼 내리고 싶다
무표정하게.

어수선 수선하기

온갖 사물과도 말 걸어야 하는 시인
바람 좋은 날 온종일 소파에서 뒹굴며
외식은 나는 싫더라 마누라 밥이 제일이라는 저 남자에겐
말 걸기 싫다

어쩌다 저 남자를 만나 소설 잘 쓴다는 소리에 스스로 속아
詩, 원찮은 시를 쓰며 사는가
섞이지 않는 물과 기름도
똑같이 셀프를 달고 살지만

신이시여, 신이시여
대수롭지 않아요 괜찮아요 구시렁거리며 흩어진 신들을 정리하다
아들 녀석이 타고 다니는 보트에 슬쩍 올라본다

내친김에 바닷바람 한 바퀴 휭 쐬어볼까 생각해보지만 옷이 마땅찮다
어수선을 미처 수선하지 못한 오후
느닷없는 소나기가 내린다
비가 내린다 悲歌 내린다.

바다

수많은 이가 다녀갔지
붉은 심장 하얀 손으로 보듬으며

사르고 싶은 날에도
나를 기억하고 싶은 날에도
소주잔 기울이다가 전봇대에 기대다가
말 없는 네게 나는
마른 얼굴로 서 있다

그저 밀려왔다 밀려가는 너를 본다

그때도 지금도 네 앞에 선 것은
주절주절 꺼내놓는 순간이 끝일 것 같아서
내가 나를 어쩌지 못할 것 같아서
질긴 목숨 줄 하나 조등으로 단다

떨리는 내 어깨를 바람이 쓸어안는다
바람 맞으며 나는
즐거운 이별을 만나러 가야겠다
아득한 수평선에 마침표를 찍고
나는 그대로 섬이나 되어야겠다

힘든 고백

자기 어젯밤에 했어

밤새 옆에 누워 끙끙거리다가
또 못 했어

부부간에 하고 살아야지
그렇게 속으로 누르고만 살 거야

옆구리 찔러서라도 어찌해 보려 했는데
그냥 이런 내가 싫기도 하고
아기 이야기를 꺼내 놓으려고
손만 만지작거리다가
땡땡 홈쇼핑 구지 가방 ○○만 원에 산 내 얘기
입안에서만 뱅뱅거리구…

오늘 밤엔 꼭 하고 잘 거야.

순천만 가야 정원

버썩거리는 일상의 분주함 다 내려놓고 꽃과 나무 손짓하는
해룡면 농주리 순천만 가야 정원 뜰을 거닐면 가뭄에 단비 만난 듯 내 무디어진 감성 하나둘 깨어난다

해변 따라 칠면초 자라나고 큰 고니 노닐고 걸음마다
수북수북 새 꽃 피어나는
펼쳐도 펼쳐도 새로운
쉬었다 가시라 늘 반겨주는 정겨운 곳

키다리 나무 아래 노을이 걸리면
순천만 갈대 스르르 눕고
멀리 솔섬이 하루를 받아적는다

우리들의 설레는 작은 사치
순천만 가야 정원에서 나
꽃이 되어보련다
꽃물이 들어보련다
노을빛에 한껏 물들어보련다.

시평

「싱싱한 꿀」

사투리의 장점은 말해진 그대로의 표현이 주는 현실감과 함께 그 감정(정서)까지도 고스란히 살아있는 채로 전달이 된다는 점이다. 서로 다른 억양으로 말하고 듣는 두 사람이 서로의 말을 잘못 알아들어 생긴 에피소드를 모티브로 하여 두 사람 사이에 흐르는 감정전을 생생하고 유머러스하게 살려놓았다. 주고받은 명사에선 명백하게 오류가 발생했지만 주고받은 마음만은 조금도 오류가 없다. 서로 질투하는 사이에서는 말의 작은 오류 하나도 시빗거리가 되지만, 사랑하는 사이에서는 말의 오해도 즐거움이 된다. 그러므로 만족스럽기만 한 것이다. '이쁘다 이뻐' 역시 중요한 건 마음이다.

— 丁明

「바다」

대문을 열면 바다가 보이는 곳에 터를 두고 살았다. 그럼에도 나는 수영을 할 줄 모른다. 또래들이 멱을 감는 동안 햇볕에 익은 너럭바위에 앉아 아무 생각 없이 그들을 바라보기만 하던 날이 길었다. 내게 있어 바다는 품을 내어주기보다 절망을 안겨주는 대상이었다. 붉은 산이 그림자를 벗는 저녁이면 잠시 절망을 접기도 하였지만 뱃길이 열리는 시간에 갈매기가 횡으로 난다거나 공기의 습한 냄새에서 비가 묻어온다는 것을 몸이 먼저 알아채는 것이 바다를 근접해 사는 사람의 특성이라는 것에 몸서리치면서 절망의 시간을 건넜다. 갯내에 숨 막혀 죽을 것 같던 어느 해 산골로 숨어들었다. 숲이 뿜는 솔 향에 의지한 채 몇 달을 지냈다. 그러다 문득 내가 누구인지 존재 확인이 되지 않았다. 바다는 결국 내 모태의 바탕이며 실존의 터전이었다는 걸 깨닫고서야 절망의 늪에서 빠져나올 수 있었다. 그리고 오늘은 나와 다른 경험으로 바다에 선 시인을 만난다. 무채색의 담백하고 순수한「바다」를 그리는 시인은 성정도 이러하리. 감정과 감정이 의존하며 서로를 제약하고 그러면서 수용한다는 것을 아는 시인은 바다의 뼈

까지 들여다보고 있는 것이다. 바다는 사람에게 너른 품을 내어주고 사람은 바다에게 속내를 보여주는, 그 관계가 거룩하고 숭고한 일이라는 것을 그리하여 일으켜 세운다. 붉은 심장과 하얀 파도가 서로를 보듬으며 위로하는 너와 나, 내가 문득 네 앞에 멍하니 있어도 속사정을 묻지 않는다. 그저 왔다 갔다 나를 토닥인다. 그 앞에 서서 이별을 보태도 좋을 여백을 만나고 마침내 슬픔이 즐거움으로 치환되는 나를 발견한다. 오늘 떨리는 내 어깨를 치는 건 바람이 아니다. 바다가 불러주는 노래를 알아듣고 흔들리는 것이다. "아득한 수평선에 마침표 찍고" 그대로 섬이 되고자 하는 시인의 결이 순결하다.

— 경남일보 강재남의 포엠산책

「연분홍 치매」

많은 노인들이 현대판 고려장에 버려진다. 문득 시인은 고려장에 버려진 노인에게 눈길이 가 몇 마디 말을 나누었으리라. 그 아들이 한 약속은 어쩌면 간절한 할머니의 소망일 터. 오늘도 아들의 모습 대신 노을이 할머니를 찾아온다. 할머니는 젊은 시절 기억했던 노랫가락을 주문처럼 외고 있다. 오늘도 아들은 오지 않았지만 내일은 올 것이라는 희망을 버릴 수 없는 것이다. 그런 소망을 지켜주기라도 하듯 지는 해는 할머니에게 마치 새악시 치장하듯 두 볼을 물들이고 비록 치매가 왔지만 할머니가 결코 놓고 싶지 않은 할머니의 꽃시절은 끝나지 않는 것을 증명해 주고 있다.

유명 시인들은 간혹 나르시시즘에 빠져 독자들을 현혹할 시어들을 남발하여 인기에 편승하는 시를 남발하는 사례가 흔한 것이 슬픈 현실이다. 박문희 시인의 이 시편은 인기에 영합하지 않고 사회의 아픈 곳을 찾아 그들의 외로운 가슴을 따스하게 안아주고 있는 시선이 참 곱다.

노래가사인 연분홍 치마 중 치마의 사투리인 치매와 병명인 치매를 시인만의 기법으로 기발하게 활용하여 현대

인들의 아픔을 제목으로 삼은 것도 신의 한 수였다고 할 것이리라. 좋은 시를 감상케 해준 시인에게 감사하며 건필과 문운이 함께 하기를 기원한다.

— **백윤석**

싱싱한 꿀

초판 1쇄 발행 2022년 7월 20일

지은이 박문희

펴낸이 임병천
펴낸곳 책나무출판사
출판신고 2004년 4월 22일 (제318-00034)

주소 서울시 영등포구 신길3동 325-70 3F
전화 02-338-1228 **팩스** 0505-866-8254
홈페이지 www.booktree.info

ISBN 978-89-6339-683-5 03810